Keith Baker

L'ÉVENTAIL MAGIQUE

l'école des loisirs

11, rue de Sèvres, Paris 6e

Traduit de l'américain par François Lasquin

Les illustrations de ce volume ont été réalisées
à l'acrylique sur carton.

Titre original américain : « The Magic Fan » (Harcourt Brace Jovanovich, San Diego)
Loi numéro 49 956 du 16 juillet 1949 sur les publications
destinées à la jeunesse : septembre 1991
Dépôt légal : septembre 1991
Imprimé à Singapour

Il était une fois, dans un village au bord de la mer, un petit garçon nommé Yoshi. Yoshi avait la passion de construire. Il construisait des charrettes et des palissades, des maisons et des escaliers, des tables et des murs. Grâce à lui, les villageois avaient tout ce qu'il leur fallait, et le bruit continuel de ses outils les rendait heureux.

Et puis, un beau jour, Yoshi s'arrêta de travailler. « Que vas-tu nous construire à présent ? » lui demandèrent les villageois. Yoshi ne sut que répondre.

Cette nuit-là, Yoshi alla s'asseoir au bord de la mer, et il resta des heures à réfléchir en contemplant la lune et en écoutant le murmure des vagues.
« Tout ce que je pouvais construire pour mon village, je l'ai construit. Je voudrais fabriquer des choses nouvelles, plus grandes et plus belles, mais comment faire ? »
Il aperçut alors un objet flottant qui venait vers lui.
« Qu'est-ce que ça peut bien être ? » dit-il en tendant la main pour le saisir.
« Un éventail ? Dans la mer ? »
Yoshi déploya l'éventail, et voici ce qu'il vit.

Sur l'éventail, un bateau à voile d'or poursuivait la lune.
« C'est cela ! Cet éventail doit être magique, car il m'a apporté la réponse. Je vais construire un bateau qui voguera sur les flots aussi vite que la lune vogue dans le ciel. »
Yoshi referma l'éventail et il le glissa précieusement dans sa ceinture.
Il passa le reste de la nuit et toute la journée du lendemain à bâtir une coque en bois pareille à celle du bateau qu'il avait vu sur l'éventail. Ensuite il tailla et cousit une voile d'or dans de la toile bien solide.

Ce soir-là, Yoshi lança son bateau vide à la mer.
En voyant cela, les villageois s'écrièrent :
« Ton bateau est parti ! Pourquoi l'as-tu poussé vers la haute mer ? »
« Pour qu'il attrape la lune ! » dit Yoshi.
« Cette nuit, il naviguera jusqu'au bout de la mer. »
Les villageois ne comprenaient pas : comment un bateau pourrait-il attraper la lune ?
Ils rentrèrent chez eux pour dormir, et Yoshi resta seul. Il regarda son bateau et la lune disparaître ensemble à l'horizon.
Ensuite il leva les yeux et vit des nuages flottants recouvrir peu à peu la voûte étoilée.
« De là-haut, on doit voir le monde entier. Que pourrais-je construire qui volerait aussi haut que les nuages ? »
Yoshi déploya l'éventail, et la réponse lui apparut.

« C'est cela ! Un cerf-volant si grand qu'il pourra voler avec les nuages sans jamais retomber ! »

À l'aide de très longs bambous et de très grandes feuilles de papier, Yoshi construisit un cerf-volant pareil à celui qu'il avait vu sur l'éventail. Pour finir, il peignit deux yeux écarquillés sur son énorme face.

Yoshi accrocha son cerf-volant à une grosse corde et il le lança. Le vent l'entraîna aussitôt, et les villageois le regardèrent monter jusqu'aux nuages. Il semblait à son aise, tout là-haut.

Quand le vent, qui soufflait de plus en plus fort, se mit à disperser les nuages, Yoshi lâcha la corde.
« Ton cerf-volant est parti ! » s'écrièrent les villageois. « Pourquoi l'as-tu lâché ? »
« Pour qu'il voie le monde entier ! » dit Yoshi. « Mon cerf-volant est libre comme les nuages, et rien ne pourra plus jamais l'arrêter ! »
Les villageois secouèrent la tête : comment un cerf-volant pourrait-il voir le monde ?
Ils retournèrent travailler, et Yoshi resta seul.
Tandis que le vent entraînait au loin son cerf-volant et les nuages, un arc-en-ciel se forma.
Yoshi le regarda d'un œil fasciné.
« Que pourrais-je construire qui se tendrait en travers du ciel comme un arc ? »
Il déploya l'éventail, et la réponse lui apparut.

« Un pont en arc, à cheval sur le village ! »
Pendant des jours et des jours, Yoshi travailla sans relâche. À chaque morsure de sa scie, à chaque coup de son marteau, le pont ressemblait un peu plus à un arc-en-ciel. Mais lorsqu'il eut enfin achevé son ouvrage, Yoshi regarda le village à ses pieds, et il vit l'ombre de son pont s'étaler lentement sur toutes les maisons et toutes les rues.

En bas, les villageois conféraient entre eux.
« Le pont de Yoshi nous prend notre soleil ! » disaient-ils avec irritation.
« D'abord le bateau, puis le cerf-volant, et maintenant ce pont ! Ce sont des choses dont nous n'avons aucunement besoin. Pourquoi Yoshi les a-t-il construites ? »

« Ils ont raison d'être en colère », se dit Yoshi.
« Mon pont fait trop d'ombre, c'est vrai.
Pourquoi l'éventail m'a-t-il montré cela ? »
Les larmes aux yeux, il entreprit
de démolir le pont. Au moment
où il entamait la première planche,
la passerelle se mit à trembler.
Yoshi s'arrêta de scier, mais
le tremblement persista.
Puis le pont fut secoué
par une force terrible,
qui semblait monter
des profondeurs de la mer.
« Pourquoi mon pont
remue-t-il ainsi ? » demanda
Yoshi d'une voix pleine
de crainte.
Vite, il déploya l'éventail.

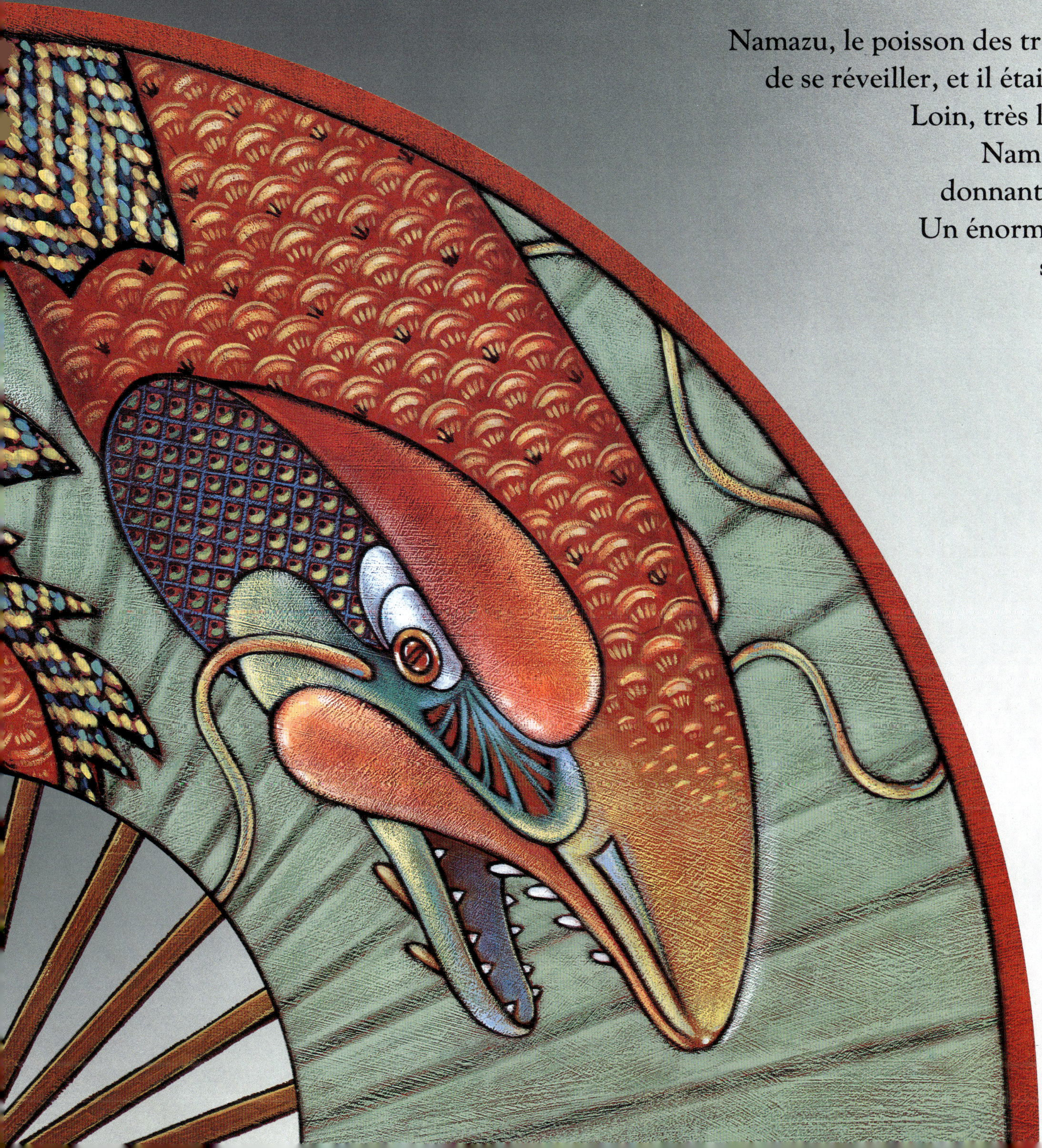

Namazu, le poisson des tremblements de terre, venait
de se réveiller, et il était de fort méchante humeur.
Loin, très loin, tout au fond de la mer,
Namazu se tordait sur lui-même,
donnant de furieux coups de queue.
Un énorme tsunami, ou raz de marée,
se souleva et, dans un fracas
de tonnerre, se précipita
en direction du village.
Le cœur battant, Yoshi
laissa tomber l'éventail
et prit ses jambes
à son cou.

« Un tsunami ! Un tsunami ! » hurlait Yoshi en parcourant à toute allure les rues du village. « C'est Namazu, je l'ai vu ! Le tsunami sera sur nous d'un instant à l'autre ! Suivez-moi ! » Entraînant derrière lui les villageois épouvantés, il les fit monter tout en haut de son pont. Là, ils se cramponnèrent au parapet et s'agrippèrent fermement les uns aux autres.

Le tsunami déferla sur le village, arrachant les palissades de bambous, disloquant les escaliers en terre cuite, faisant crouler les murs en pierre. Bientôt toutes les maisons eurent disparu sous un tourbillon de vagues écumeuses. Ensuite le tsunami reflua aussi vite qu'il était arrivé. Impuissants, les villageois virent toutes leurs possessions s'en aller au loin en tournoyant follement sur elles-mêmes.

La mer s'était enfin calmée.
« Notre village est parti ! » dirent les villageois.
« Qu'allons-nous devenir à présent ? »
Personne ne pouvait répondre à cette question.
Yoshi chercha l'éventail, mais en vain :
le tsunami l'avait emporté aussi.
« Sans mon éventail magique,
comment vais-je savoir
ce qu'il faut faire ? » se demandait-il.
Il fouilla du regard la mer
qui clapotait en contrebas,
sans y voir rien d'autre
que son propre reflet.
Et tout à coup la réponse
lui apparut aussi clairement
que si l'éventail magique
avait été ouvert devant lui.

« Nous n'avons qu'à tout reconstruire ! » s'écria-t-il.
« Les charrettes et les palissades, les maisons et les escaliers,
les tables et les murs ; tout ce dont nous avons besoin.
Ensemble nous bâtirons un village nouveau,
et encore plus beau. »
« Et nous garderons ton pont »,
dirent les villageois.
« Car il nous a sauvés. Son ombre
passera sur nous, puis
elle s'en ira. Mais lui
restera là pour protéger aussi
notre nouveau village. »

« Et quand le village sera rebâti », songeait Yoshi, « il me restera encore bien des choses nouvelles à construire. Des choses plus belles et plus grandes, comme des cloches pour parler avec le tonnerre, des nasses pour faire la pêche aux étoiles filantes, des tours pour guetter les secrets de la mer. »
Yoshi se faisait de tout cela une image très nette, même sans l'éventail. Et c'est ainsi qu'il découvrit que la magie était en lui.